**Bibliografische Information der Deutschen Nationalbibliothek:**

Die Deutsche Bibliothek verzeichnet diese Publikation in der Deutschen National-
bibliografie; detaillierte bibliografische Daten sind im Internet über http://dnb.d-
nb.de/ abrufbar.

**Impressum:**

Copyright © 1998 GRIN Verlag
Druck und Bindung: Books on Demand GmbH, Norderstedt Germany
ISBN: 9783346122315

**Dieses Buch bei GRIN:**

https://www.grin.com/document/107131

Patrick Fonger

# Elias Canetti - Die Blendung. Betrachtung von Büchern, Möbeln und Geld aus der Perspektive eines Masseverständnisses

GRIN Verlag

# Elias Canetti 'Die Blendung' - Betrachtung von Büchern, Möbeln und Geld aus der Perspektive eines Masseverständnisses

## Inhaltsverzeichnis

# 1. Einleitung

Gegen Ende des 19. Jahrhunderts erregte Gustave Le Bon mit seinem Werk "Psychologie des foules" (1895) große Aufmerksamkeit in der psychologischen Fachwelt. Vorwiegend versuchte er die Seele der menschlichen Masse zu ergründen und ihre Triebkräfte und ihre Funktion zu ermitteln.

Obwohl Le Bon nicht allein Verursacher war, etablierte sich in den folgenden Jahrzehnten eine Richtung der psychologischen Wissenschaft, die sich mit Massephänomenen auseinandersetzte – die Massenpsychologie. In dieser neuen Wissenschaftsrichtung ging es um die multidisziplinäre Erfassung des Wesens der Masse.

Elias Canetti lieferte 1960 einen enorm wichtigen Beitrag mit der Veröffentlichung von "Masse und Macht"[1]. Das umfangreiche Werk, das eine dreißigjährige Schaffensperiode aufweist, zeigt Anlehnungen an das bis dato gültige Massenverständnis, untermauert von konkreten Beispielen und Beschreibungen. Er liefert eine Begriffsbestimmung, eine Abgrenzung und eine neuartige Klassifizierung der Masse.

Jahre später erscheint Canettis Roman "Die Blendung" (1936, Neuauflage 1963). Gleich bei der ersten Lektüre fallen Massen ins Auge: Bücher in einer Bibliothek, Möbel in einer Wohnung und Geld in vielfältiger Form.

Bei genauerem Lesen zeigt sich darüber hinaus, daß diese drei Motive eine gewichtige Bedeutung im Handlungsgeschehen haben: Peter Kiens Bücher, Thereses Möbel und Geld. Die Motive gehen nicht konturlos im Geflecht des Romans unter, sondern entwickeln eine eigene Dynamik und tragen vermutlich eine eigene Bedeutung.

Vor dem Hintergrund der Kenntnis von Massenbeschreibungen und des Bewußtseins für Massen und Massenphänomene wird in dieser Arbeit untersucht,

---

[1] Canetti, Elias: *Masse und Macht*. Sonderausgabe. Hamburg: Claassen 1984. (Fortan wird die Sigle MuM benutzt.)

inwieweit Massen im Roman Bedeutung tragen und welche anderen Erklärungsansätze die Betrachtung von Massen mit sich bringt.

Auf den ersten Blick erscheint es sicherlich ungewöhnlich, Bücher, Möbel und Geld als Massen zu betrachten, da sich die frühe Massenpsychologie vorwiegend menschlichen Massen gewidmet hat, doch wird sich zeigen, daß den scheinbar nicht-lebenden und passiven Massen viele Eigenschaften lebender und aktiver Masse zugeordnet werden können.

## 2. Der Begriff der Masse

> *Im gewöhnlichen Wortsinn bedeutet Masse eine Vereinigung irgendwelcher einzelner von beliebiger Nationalität, beliebigem Beruf und Geschlecht und beliebigem Anlaß der Vereinigung.*[2]

Mit diesen Worten beschreibt Gustave Le Bon im Jahr 1895 den Begriff der Masse. Heutzutage finden sich viele Definitionen und Umschreibungen zum Massebegriff, wenn große Nachschlagewerke zu Rate gezogen werden.

Le Bon begründete mit seinem Buch "Psychologie der Massen" eine neue Wissenschaft[3] und eine neue Sichtweise von Gesellschaft und Gemeinschaft. Le Bon vertrat die Ansicht, daß mit dem starken Bevölkerungswachstum im 19. Jahrhundert eine neue Zeit anbrach: "Das Zeitalter, in das wir eintreten, wird in Wahrheit das Zeitalter der Massen sein."[4]

Eine Berechnung dieses Wachstums zeigt, daß die Einwohnerzahl Europas bis zum Anfang des 19. Jahrhunderts (wie auch schon 12 Jahrhunderte vorher) nie mehr als 180 Millionen betragen hat, und daß sie in den Jahren von 1800 bis 1914 auf 460 Millionen angestiegen ist.[5] Als Grund ist sicherlich die rasch fortschreitende Industrialisierung zu nennen, die viele begünstigende Folgeerscheinungen nach sich zog.

---

[2] Le Bon, Gustave: *Psychologie der Massen.* Stuttgart: Kröner 1968, S.10. (Fortan wird die Sigle Le Bon verwendet.)
[3] Als Massenpsycholgie wird das Teilgebiet der Psychologie bezeichnet, das sich mit den Reaktionen des einzelnen auf die Masse und den Verhaltensweisen der Masse beschäftigt. Nach: LexiROM 2.0, Artikel: Massenpsychologie.
[4] Le Bon, S.2.
[5] Dieses Rechenbeispiel lieferte Werner Sombart. In: Le Bon, S.XIX.

Doch nicht nur die Bevölkerungszunahme, sondern auch der zunehmende Einfluß der Massen fiel Le Bon ins Auge:

> *Vor kaum einem Jahrhundert bestanden die Haupttriebkräfte der Ereignisse in der überlieferten Politik der Staaten und dem Wettstreit der Fürsten. Die Meinung der Massen galt in den meisten Fällen gar nichts. Heute [1895!] gelten die politischen Bestrebungen der Herrscher und deren Wettstreit nur noch wenig. Die Stimme des Volkes hat das Übergewicht erlangt. Sie schreibt den Königen ihr Verhalten vor.*[6]

Auch Ishaghpour kommt zu dem Ergebnis: "Seit der französischen Revolution sind die Massen Akteure der historischen Ereignisse."[7]

Ein verändertes politisches Leben und neue Staatsformen ermöglichten den Massen eine Beteiligung an der europäischen Entwicklung. "Die Geburt der Masse entstand [...]."[8]

Von diesen Voraussetzungen ausgehend etablierte Anfang des 20. Jahrhunderts eine Gruppe von Wissenschaftlern, die sich mit dem Phänomen der Masse auseinandersetzten, eine neues Forschungsinteresse. Denn nachdem die Existenz der Masse und ihre Bedeutung so stark ins Bewußtsein gerückt war, erschien es notwendig, die Charakteristika dieser neuen Form zu untersuchen. Die Wissenschaften Völkerkunde, Soziologie und Psychologie lieferten ihre Beiträge zu dieser Aufgabe.[9]

Aufgrund der historischen Prägung des Massebegriffs, der in dieser Arbeit relevant ist, ist klar, daß Le Bon sich ausschließlich mit der menschlichen Masse beschäftigt hat. In seinem Buch hat er sowohl die Kennzeichen der Masse herausgestellt als auch eine Einteilung vorgenommen.[10] Im Verlauf der Arbeit werden diese Gedanken in einer abgewandelten Form aufgegriffen, denn auf den ersten Blick scheinen die Massen der Bücher, der Möbel und des Geldes in Canettis Roman 'Die Blendung' wenig menschlich.

---

[6] Le Bon, S.2.
[7] Ishaghpour, Youssef: *Verwandlung und Identität. Zu 'Masse und Macht'.* In: Elias Canetti. Blendung als Lebensform. Hrsg. Friedbert Aspetsberger/Gerald Stieg. o.O.: Athenäum 1985, S.11-27. Hier: S.14. (Im folgenden wird die Sigle Ishaghpour verwendet.)
[8] Le Bon, S.2.
[9] Vergleiche auch dazu das Einführungskapitel von Helmut Dingeldy in: Le Bon, S.XIII-XXIII.
[10] Le Bon, S.10-16 und S.114-116.

Doch auch Canetti hat seinen Teil zur Erforschung des Massephänomens beigetragen. 1960 legte er sein Buch "Masse und Macht" vor. Da er "fast 35 Jahre Arbeit"[11] in die Entwicklung des Werkes gelegt hat, wird schnell deutlich, daß auch Canetti am Anfang des 20. Jahrhunderts von der Erforschung der Seele der Masse angesteckt wurde. Er befaßt sich wie Le Bon vor allem mit der menschlichen Masse. Darüber hinaus untersucht Canetti Massensymbole, die er als "kollektive Einheiten, die nicht aus Menschen bestehen und dennoch als Massen empfunden werden,"[12] bezeichnet.

Le Bon unterteilt Massen in ungleichartige (foules hétérogènes) und gleichartige (foules homogènes). Bei der ungleichartigen Masse unterscheidet er:

      1. namenlose und

      2. nicht namenlose.

Die gleichartige Masse hingegen besteht aus:

      1. Sekten,

      2. Kasten und

      3. Klassen.[13]

In der Untersuchung verschiedener Massen in 'Die Blendung' haben wir es sowohl mit ungleichartigen als auch mit gleichartigen Massen zu tun. Das hängt natürlich von der Wahl der Betrachtungsperspektive ab. Peter Kiens Bibliothek ist in erster Linie eine gleichartige Masse, doch stellen die Bücher in ihrer Ansammlung eine namenlosen Masse dar. Folglich kann die Büchermasse auch als ungleichartig gesehen werden.

Canetti hat sich viele konkrete Gedanken zur Charakterisierung und Klassifizierung des Massebegriffs gemacht. Ishaghpour faßt seine gedanklichen Wurzeln in wenigen Sätzen zusammen:

> *Die Masse ist nicht die Gesellschaft, sondern deren Umkehrung. Die gesellschaftliche Existenz beruht auf Abgrenzungen, Schichtungen, schließlich Vereinzelung. Von diesen Distanzlasten möchte sich die Masse befreien. Die sogenannte Zerstörungswut der Masse hat nichts anderes im Sinn als die Zerstörung der Distanzen, Grenzen, Unterschiede, Hierarchien.*

---

[11] Ishaghpour, S.15.
[12] MuM, S.82.
[13] vgl. Le Bon, S.114-117.

> *In der Masse hat das Individuum das Gefühl, seine eigenen Grenzen zu überschreiten und sich von allem zu befreien, wodurch es sich beengt fühlte [...]. Das unmittelbare Ziel der Masse ist sie selbst, ihr Ausbruch. [...] Die Masse entsteht aus dem Umschlagen der Berührungsfurcht.[14]*

Canetti klassifiziert die Masse, indem er grundsätzlich zwischen einer offenen und geschlossenen Masse unterscheidet. Dem Wachstum einer offenen Masse "ist überhaupt keine Grenze gesetzt"[15]. Im Gegensatz dazu steht die geschlossene Masse, die sich durch eine Grenze auszeichnet. Die geschlossene Masse wächst nicht.

Die Entladung der Masse beschreibt Canetti wie folgt:

> *Der wichtigste Vorgang, der sich innerhalb der Masse abspielt, ist die Entladung. Vorher besteht die Masse eigentlich nicht, die Entladung macht sie erst wirklich aus. Sie ist der Augenblick, in dem alle, die zu ihr gehören, ihre Verschiedenheiten loswerden und sich als gleiche fühlen.[16]*

Zudem stellt Canetti die Zerstörungssucht als Charakteristikum heraus, denn "es ist das erste an ihr, was ins Auge fällt, und es ist unleugbar, daß sie sich überall findet"[17]. Die kapitalsten Eigenschaften der Masse lassen sich in vier Aussagen zusammenfassen:

    1. Die Masse will wachsen

    2. Innerhalb der Masse herrscht Gleichheit

    3. Die Masse liebt Dichte

    4. Die Masse braucht eine Richtung[18]

Jede Masse hat das Bestreben zu wachsen, eine Ausnahme bildet die geschlossene Masse, da sie über eine Grenze verfügt. Die Gleichheit in einer Masse "ist absolut und indiskutabel und wird von der Masse selbst nie in Frage gestellt"[19]. Auf Unterschiede zwischen den Elementen einer Masse "kommt es nicht an"[20]. Die Masse strebt mit ihrem Wachstum eine große Dichte an bei der das Gleichheitsgefühl noch verstärkt wird. "Das Gefühl größter Dichte hat die

---

[14] Ishaghpour, S.17.
[15] MuM, S.13.
[16] MuM, S.14.
[17] MuM, S.16.
[18] Einteilung nach: MuM, S.27f.
[19] MuM, S.28.
[20] dto.

Masse im Augenblick der Entladung."[21] In der Regel ist die Masse in Bewegung, sie hat eine Richtung. Das stärkt das Gefühl von Gleichheit. Auch die "Angst vor Zerfall"[22] und vor der Auflösung trägt zur gemeinsamen Bewegung bei.

Mit diesen vier Haupteigenschaften hat Canetti versucht, das Wesen aller Massen zu erfassen. Die unterschiedlich starke Ausprägung der einzelnen Eigenschaften bedingt die Existenz verschiedener Massenformen.

Sicherlich sind die angeführten Extrakte aus den Werken Le Bons und Canettis stark vereinfacht und unvollständig, doch für eine weitere Betrachtung der Massen in 'Die Blendung' liefern sie eine gute Grundlage. Zudem sind die Überlegungen einiger Literaturwissenschaftler sowie eigene Überlegungen notwendig, um die Bedeutung der Bücher, der Möbel und des Geldes für den Roman auszumachen.

## 3. Massen im Roman

In Canettis Roman ist auffällig, daß die handelnden Hauptpersonen sowohl durch ihren angelegten Charakter als auch durch begleitende materielle Dinge Substanz gewinnen. Kien wird dem Leser als "Gelehrter" und "Sinologe vom Hauptfach"[23] präsentiert. Gleich darauf wird deutlich, daß Kien eine "ernstzunehmende Bibliothek"[24] sein eigen nennt.

Gleich zu Anfang des Romans, bevor sich der erste Handlungsstrang voll entwickeln kann, kommt der erste Hinweis auf Kiens Bücher. Schon die Frage an den kleinen Jungen, ob er lieber Schokolade oder ein Buch mag[25], zeugt von Kiens ungewöhnlicher Einstellung zu Büchern. Außerdem trägt Kien bei seinem Spaziergang in einer merkwürdigen Weise eine Büchertasche bei sich:

---

[21] dto.

[22] dto.

[23] Canetti, Elias: *Die Blendung*. Limitierte Sonderauflage. Frankfurt/M.: Fischer 1998 (Fischer Taschenbuch 13902), S.8. (Im weiteren Verlauf der Arbeit wird die Sigle CB verwendet.)

[24] CB, S.10.

[25] CB, S.7.

*Er hielt sie eng an sich gepreßt, auf eine besondere Art, die er sich ausgedacht hatte, um möglichst viel von seinem Körper mit ihr in Berührung zu bringen.*[26]

Doch nicht nur inhaltliche Momente geben erste Hinweise auf Kiens Vorliebe, auch die Titel der drei Romanteile entpuppen sich als deutliches Indiz. "Kopf ohne Welt"[27], Titel des ersten Teils, meint Kiens von der Außenwelt ausgeschlossenes und der Sinologie gewidmetes Leben. Der Gelehrte lebt und arbeitet in seinem Mikrokosmos, seiner Bibliothek.

Die Haushälterin Therese, ebenfalls eine der Hauptfiguren des Romans, dringt in Kiens geordnetes Leben ein, als er beschließt, eine Haushälterin und Hüterin seiner Bibliothek zu suchen.[28] Thereses Welt ist anders geartet als Kiens Welt, denn sie definiert sich mehr durch äußere (sprich: gesellschaftliche) Zwänge. Materieller Wohlstand ist ihr wichtigstes Ziel, und diesem möchte sie mit dem Erwerb präsentabler Möbel näher kommen.[29]

Nachdem Therese immer mehr von Kiens Wohnung (und Leben) in Besitz genommen hat, rüstet sie die 'ihre' neuen Räume mit Möbeln nach.[30]

Später treibt sie sich mit den Plänen des Erwerbs eines großen Möbelhauses, mit dem sie ihren Wohlstand ausdrücken möchte und gesellschaftliche Akzeptanz erlangen will:

*Sie wollte [...] das schönste Möbelgeschäft der Stadt einrichten. [...Seit] Wochen kalkulierte sie vor dem Einschlafen die Einkaufspreise für Möbel.*[31]

Ebenso wie Kiens Leben, ist Thereses Leben von einer materiellen Ansammlung bestimmt. Selbstverständlich steht bei Kiens Sinologieforschung geistige Arbeit im Vordergrund, doch die unmittelbare Voraussetzung für sein Schaffen sind Bücher. Therese ist von einfacherer Bildung[32], und für sie zählen andere Werte. Bei ihr stehen materielle Werte (Möbel) im Vordergrund.

---

[26] CB, S.9.
[27] CB, S.5.
[28] Vgl. CB, S.25f.
[29] Das Kapitel "Blendende Möbel" (CB, S.61ff) beschreibt konkret Thereses Wunsch nach neuen Möbeln.
[30] beispielsweise CB, S.61.
[31] CB, S.132.

Es wird deutlich, wie sehr Kien und Therese von Büchern bzw. Möbeln bestimmt sind. Auffällig ist auch, daß es sich bei diesen materiellen Gütern stets um große Mengen handelt. Nicht *ein* Möbelstück verdeutlicht die Macht und Rolle der Möbel, sondern eine große Vielzahl. Aus diesem Grunde ist es naheliegend, sich mit den Büchern von Kien und den Möbeln von Therese unter anderen Gesichtspunkten zu beschäftigen.

Bereits im letzten Kapitel wurde 'Masse' etwas aus der nebulösen begrifflichen Vorstellung herausgehoben und konkreter bezeichnet. Vor allem Beiträge von Le Bon und Canetti selbst helfen, das Phänomen Masse als beschreibungswürdig und machtvoll anzusehen.

Im folgenden wird deshalb die Masse von Kiens Büchern untersucht sowie die Möbelmasse der Therese.

### 3.1 Kiens Bücher

Der Roman 'Die Blendung' ist dreigeteilt. Allein die Teilüberschriften vermitteln bereits viel von der Bedeutung und von der Entwicklung der Handlung. Peter Kien ist Privatier. Er lebt völlig abgeschottet in der ihn umgebenen realen Welt. In seiner Wohnung beherbergt er seine Bibliothek, die aus 25.000 Büchern[33] besteht. Die Wohnung mit der Bibliothek bildet Kiens kleine, aber ihm vollkommen genügende Welt.

Kien lebt in seinem eigenen Mikrokosmos, den er selbst um sich herum geschaffen hat.

> *Jeder Mensch braucht eine Heimat, nicht eine, wie primitive Faustpatrioten sie verstehen, auch keine Religion, [...] nein, eine Heimat die Boden, Arbeit, Freunde, Erholung und geistigen Fassungsraum zu einem natürlichen, wohl-geordneten Ganzen, zu einem eigenen Kosmos zusammenschließt. Die beste Definition der Heimat ist Bibliothek.[34]*

In diesem Kosmos lebt er, herrscht er und arbeitet er. Der Titel des ersten Romanteils heißt treffend "Kopf ohne Welt".

---

[32] In der Schule ist Therese dreimal sitzen geblieben. Während ihrer Zeit bei Kien bereichert sie ihren Wortschatz und verbessert langsam ihre Schreibfertigkeiten. (Vgl. dazu CB, S.122 u. S.114.)
[33] vgl. CB, S.21.
[34] CB, S.57.

Kiens Wohnung in der Ehrlichstraße umfaßt neben der Küche und der Toilette vier Zimmer, die gleichermaßen Arbeitsraum, Aufenthaltsraum und Schlafraum darstellen. Alle vier Zimmer sind fensterlos, sie verfügen lediglich über Dachluken. Die Wände sind bis unter die Decke mit Regalen und natürlich Büchern bepackt.[35] Auf diese Weise hat Kien jeden möglichen Platz für seine Bücher nutzen können. Die Zimmer sind in einem Schlauch angeordnet, und im letzten Zimmer arbeitet und schläft Peter Kien. Hier thront sein gewaltiger Schreibtisch, und in der Ecke steht ein unauffälliger Schlafdiwan.[36]

Die Wissenschaft ist Kiens Welt und die Bibliothek ist für ihn das Zentrum (seiner) Welt. Für ihn als bedeutenden Sinologen ist die Ansammlung von Büchern erhebend und ein Genuß:

Kien lebt in seinen Büchern, mit seinen Büchern und für seine Bücher. Wie kein anderer Wissenschaftler versteht er es, aus dem Stehgreif Dialoge (die eigentlich Monologe sind) zu erfinden, die aus Originalzitaten vieler berühmter Schriftsteller und Philosophen bestehen.[37]

Peter Kien ist gründlich und diszipliniert, sein Leben im Mikrokosmos seiner Bücher ist vollständig reglementiert und der Wissenschaft verschrieben. Kien ist Herrscher über eine sehr große Bibliothek[38]. Die große Menge der Bücher, die Masse der Bücher, erfüllt vielerlei Aufgaben.

<u>Die Masse umgibt Kien.</u> Die bis zur Decke reichenden, gefüllten Bücherregale bieten Kien Schutz vor einer anderen Welt. Das Zumauern der ehemaligen Fensteröffnungen hat vermutlich nicht nur zweckdienliche Gründe, sondern soll die schützende Mauer um Kien herum vervollkommnen.[39] Die Büchermasse kann sicherlich als ein Kien schützender Mutterkuchen gesehen werden.

Kien ist in seinem Kosmos sehr zielorientiert und sicher. Der morgendliche Spaziergang zeigt jedoch die Verwundbarkeit und Hilflosigkeit Kiens in der realen

---

[35] Vgl. CB, S.21f.
[36] dto.
[37] vgl. CB, S.46f.
[38] Es bleibt sicherlich unbestritten, daß die Bücher in einer großen Bibliothek als uniforme Masse angesehen werden können. Das bedeutet folglich, daß bei den Büchern in Kiens Bibliothek Gleichheit herrscht. (Vgl. dazu zweite Masseneigenschaft nach Canetti im letzten Kapitel.)
[39] An dieser Stelle wird darauf hingewiesen, daß auch die Masseneigenschaft: 'Die Masse liebt Dichte' erfüllt ist.

Welt. Er mißversteht sie zum Teil. Auch der zwangsläufige Ausbruch aus seinem Mikrokosmos macht seine Abhängigkeit deutlich.

Für Kien sind Bücher Menschen.[40] Diese Menschen sind in der Lage, ihm eine Ersatzwelt zu schaffen, in der er ohne Schwierigkeiten leben kann. Diese Buchmenschen sind kontrollierbar und unterliegen seinem Willen. Die Buchmenschen existieren ihm zum Wohlgefallen.

Die Masse beschäftigt Kien. Die Bücher in ihrer ganzen Zahl sind bis auf wenige Ausnahmen – wie 'Die Hosen des Herrn von Bredow' – wissenschaftliche Bücher. Sie stellen sein 'Lesefutter' dar. Aus ihnen schöpft er, und durch sie kann er sein wissenschaftliches Leben führen. Die Bibliothek ist wie ein schützender und nährender Mutterkuchen.

Kien ist kein sexueller Mensch. Bei Thereses erster sexueller Annäherung flüchtet er hilflos.[41] Er verweigert sich Therese weiterhin. Kien ist von Thereses Wünschen überfordert und weiß nicht, wie er auf sie eingehen soll: "Wie die Tiere. Die finden das Richtige, von selbst"[42]. Vielleicht ist auch seine Beschäftigung mit den Büchern, mit der Masse, eine Ersatzhandlung für die natürliche Sexualität. Scheichl kommt zu der Feststellung, "daß für Kien seine Bücher seine Geliebten sind"[43].

Kien braucht die Masse. Ohne den Schutz und die Nährung durch die Masse ist Kien schlecht überlebensfähig. Er braucht die Bücher wie ein Lebenselixier. Die Bücher sind Kiens Soldaten ("Namenlosigkeit eines kriegsbereiten Heeres", CB, S.99) im täglichen Kampf mit der Wissenschaft. In Reih und Glied stehen sie in den Regalen, Rücken an Rücken, ständig bereit, mit ihm als Anführer den Kampf aufzunehmen.

Kien fungiert als Anführer seiner Soldatenmasse, denn ohne ihn bleibt die Masse orientierungslos und ohne Aufgabe. Er gibt der Masse eine Richtung.

---

[40] Das wird unter anderem deutlich durch: "Sie mußte glauben, daß er mit der Bibliothek spekuliere. Das waren Menschen! Das waren Menschen!" (CB, S.23).
[41] vgl. CB, S.57f.
[42] CB, S.59.
[43] Scheichl, Sigurd Paul: *Der Möbelkauf. Zur Funktion eines Handlungsstrangs in der 'Blendung'.* In: Elias Canetti. Blendung als Lebensform. Hrsg. Friedbert Aspetsberger/Gerald Stieg. o.O.: Athenäum 1985, S.127-137. Hier: S.129. (Hinfort wird die Sigle Scheichl verwendet.)

Wie bereits Canetti in 'Masse und Macht' postulierte, hat die Masse immer das Bestreben zu wachsen. Auch im Roman 'Die Blendung' kommt diese Eigenschaft zur Anwendung. Denn Kien will mit Thereses vermeintlicher Millionenerbschaft die Bibliothek um "[d]reißigtausend neue Bücher"[44] erweitern. Des weiteren ist auch die Büchermasse im Theresianum einem ständigen Zuwachs unterworfen.

Die Masse braucht auch Kien. Denn ohne Kiens Anwesenheit und Kontrolle zerfällt die Masse. Therese und der Hausbesorger vergreifen sich an den Büchern und bringen sie in die Pfandleihanstalt. Die beiden sorgen für den Zerfall der Masse und nehmen ihr die Richtung der täglichen Arbeit mit dem Anführer Kien. Am Beispiel des Theresianums wird deutlich, wie sehr die Büchermasse auf einen Führer angewiesen ist, denn kurz vor Kiens Autodafé[45] im letzten Kapitel fallen die Bücher im Theresianum einem Brand zum Opfer:

> In der Richtung des Theresianums gewahrte er einen rötlichen Schein. Zögernd kroch es über den schwarzen klaffenden Himmel daher. Petroleumgeruch war in seiner Nase. Das Theresianum BRANNTE![46]

Allerdings muß hier angemerkt werden, daß ja auch Kiens Bücher einem Brand zum Opfer fallen. Es ist aber ein von ihm inszenierter Brand, der ihm und seinem Mikrokosmos ein Ende bereitet.[47] Schließlich findet mit seinem frei gewählten Tod im Feuer ein Massenprozeß statt: Die geschlossene Masse (Bibliothek) geht über in eine offene Masse (Feuer).

### 3.2 Thereses Möbel

In Thereses Familiennamen Krumbholz ist bereits eine erste Verbindung zu Möbeln zu erkennen. Es kann davon ausgegangen werden, daß in der erzählten Zeit des Romans 'Die Blendung' Möbel vorwiegend aus Holz gefertigt wurden. Metall- und Kunststoffmöbel sind Produkte spätere Generationen.

Der Möbelkauf ist eigentlich als profaner Akt anzusehen und wird darum selten in der Literatur zum Thema. Ähnlich verhält es sich mit den täglichen (bürgerlichen) Ritualen:

---

[44] CB, S.146.
[45] Mit Autodafé ist Kiens Tod durch Selbstverbrennung gemeint. Der Begriff findet in einem Großteil der Sekundärliteratur Verwendung. Deshalb wird hier auf Quellenangaben verzichtet.
[46] CB, S.506.
[47] vgl. CB, S.508ff.

*Der Kauf von Möbeln ist ein so gewöhnlicher Akt, daß er von Schriftstellern nur selten der Behandlung in einem fiktionalen Text für würdig gehalten und in der Regel wie Straßenbahnfahren, Zähneputzen und dergleichen daraus ausgeschlossen wird.*[48]

Um in den Dienst bei Kien zu treten, verläßt Therese ihre "gewöhnlichen Herrschaften, die sich auf sie verließen – ein altes Möbelstück"[49]. Mit diesen beiden Hinweisen wird schon zu Beginn des Romans diskret auf die Rolle der Möbel hingewiesen. Im Verlauf der Handlung wird deutlicher, daß Therese eine besonders ausgeprägte Beziehung zu Möbeln hat und diese auch für ihre Zwecke einsetzt.

Die Masse definiert Therese. Therese hat einen Möbeltick. Kurz nach Thereses rechtmäßigen Einzug in Kiens Wohnung aufgrund der fordert Therese ihre ersten Möbel:

*'Das sag' ich ja immer, der Tisch muß her. Wo gibt's das in einem anständigen Haus, daß ein Mensch auf dem Schreibtisch ißt?' [...] Der Tisch wurde gekauft, mitsamt einem Speisezimmer in Nußholz.*[50]

Trotz Kiens Abneigung gegenüber Möbeln[51] gelingt es Therese, ihren Wunsch nach vielen Möbeln nach und nach durchzusetzen.[52]

Therese führt aber nicht nur einen internen Kampf mit Kien im Mikrokosmos der Bibliothek, bei dem sie sich die Möbelmasse zunutze macht, sondern auch einen externen Kampf um gesellschaftliche Akzeptanz und Wohlstand in der bürgerlichen Welt. Die Möbelmasse fungiert als Statussymbol:

*Möbel waren im ersten Drittel des Jahrhunderts wahrscheinlich noch mehr als heute Statussymbole in der bürgerlichen Gesellschaft.*[53]

Die Masse hilft Therese. Therese erwirbt ihre eigene Möbelarmee. Möbel sind Vierfüßler, tierische Soldaten. Mit Hilfe der Möbel schafft es Therese, immer mehr Räume der gemeinsamen Wohnung nachhaltig für sich zu erobern. Die Möbel helfen ihr im Kampf gegen Kiens Bibliothek. Mit dem Kauf weiterer Möbel kann

[48] Scheichl, S.135.
[49] CB, S.26.
[50] CB, S.61.
[51] "Er konnte Möbel nicht schmecken" (CB, S.27). Außerdem befreit sich Kien von den präsenten Möbeln, indem er morgens lange die Augen geschlossen hält (CB, S.71). Siehe auch: CB, S.68.
[52] Kurz nach dem Speisezimmer folgt der Wunsch nach einem Bett (CB, S.62). Der Betteinzug folgt später (CB, S.66f).

Therese ihre Armee erweitern, die Möbelmasse wächst stetig. Über die Möbel hat Therese Macht. Sie ist ihre Anführerin.

Sie schließt mit Kien einen Handel und gewinnt ihm drei seiner vier Bibliotheks-räume ab:

> *'Heute hätt' ich eine Bitte. Vier Zimmer sind da. [...] Jedem gehören zwei davon. [...] Ich nehm' mir dafür das dritte Zimmer dazu.*[54]

Kien reagiert, indem er beispielsweise morgens nach dem Aufstehen die Augen geschlossen läßt, um dem Anblick der Möbel zu entgehen.[55] Er begreift, daß er Therese nicht nur drei Räume überlassen hat, sondern auch einen Teil seines Mikrokosmos geopfert hat:

> *Jetzt hatte sich die Kabine zusammengezogen. Wenn Kien von seinem Schreibtisch aufsah, [...] stieß sein Auge auf eine sinnlose Tür. Sicher lagen dahinter drei Viertel der Bibliothek [...]. Manchmal machte er sich Vorwürfe, weil er einen einheitlichen Organismus, sein eigenes Geschöpf, aus freiem Willen zerschnitten hatte.*[56]

Mit dem Verlust der Zimmer und der Entbehrung eines Teils der Bibliothek geht das Vordringen der Möbelarmee bis in das vierte Zimmer, dem Arbeitszimmer, einher.[57] Der Begriff Möbel übrigens ist lateinisch-französischen Ursprungs (mobilis) und bedeutet 'bewegliches Gut'.[58]

Unter dem Masseaspekt betrachtet, kann der Möbelmasse, also Thereses Möbelarmee, eine Eroberungsrichtung zugesprochen werden. Der Eroberungszug beginnt in den ersten beiden Zimmern, geht über das dritte Zimmer und landet schließlich im Arbeitszimmer bei Kien. Die Eroberung hat schließlich die Ver-treibung Kiens zur Konsequenz (Zweiter Teil – 'Kopflose Welt').

Der Eroberungszug ist aber noch weiter und nachhaltiger geplant. Mit der Grün-dung des Möbelgeschäftes 'Grob & Frau' will Therese ihre Existenzberechtigung in der bürgerlichen Gesellschaft untermauern. Bis zu diesem externen Eroberungs-zug der Möbelmasse kommt es allerdings nicht mehr.

---

[53] Scheichl, S.136.
[54] vgl. CB, S.61.
[55] CB, S.71.
[56] CB, S.69.
[57] vgl. CB, S.66.
[58] Nach: LexiROM 2.0, Artikel: Möbel.

Die Masse befriedigt Therese. Therese wird von Kien nicht sexuell begehrt. Sie sucht aber nach Bestätigung und körperlicher Zuwendung. Als Kien vor ihr aus dem Bette flieht, bekommt er Schläge.[59] Erst bei dem Hausbesorger erfährt Therese Körperlichkeit, wenn auch in einer sehr extremen Form.

Der Konsum der Möbelmasse ist eine Ersatzhandlung; es gibt eine "Verbindung von Möbelkauf und Sexualität"[60]. Ihren "Kontakthunger"[61] kann Therese durch den Kauf der Möbel sättigen. Besonders deutlich wird dies, als sie in verschiedenen Möbelgeschäften auf der Suche nach einem Schlafzimmer ist.[62] Sie sucht ein Bett und findet dieses schließlich im Möbelhaus 'Groß & Mutter', in dem sie von Herrn Grob, den sie später "Herr Puda"[63] nennt, beraten wird. Scheichl sieht sogar eine leitmotivische Funktion bei den Betten, die im Roman auftauchen:

> *Dieser Einrichtungsgegenstand taucht nicht nur in den Dialogen zwischen Kien und Therese und in Kiens Beobachten der im Bett schlafenden und von ihrem Herrn Puda träumenden Therese (138f.) wieder auf, sondern auch in Pfaffs Kammer (326, 339) und vor allem im Fischerle-Handlungsstrang [...] (157, 325).*[64]

### 3.3 Das Geld

Geld ist eine sehr präsente Masse in allen Handlungssträngen des Romans 'Die Blendung'. Der Hausvorsteher erhält sein monatliches "Douceur"[65], die vier Freunde werden von Fischerle für ihre Scheinverkäufe entlohnt (Kapitel 'Vier und ihre Zukunft'), Fischerles Traum von der Schachweltmeisterschaft ist nur mit Geld zu verwirklichen, Therese will Geld und Kiens Sparbuch für ihr Möbelgeschäft[66] und auch Kien selbst will mit der vermeintlichen Millionenerbschaft seine Bibliothek erweitern. Scheichl verweist auch hinsichtlich des Geldes auf eine "leitmotivische Verknüpfung"[67].

Die Geldmasse erfüllt für Kien, Therese und Fischerle Zwecke. Für alle drei ist Geld als ein Mittel zu sehen. Die Masse funktioniert als Mittel:

---

[59] CB, S.159ff.
[60] Scheichl, S.128.
[61] Roberts, David: *Kopf und Welt. Elias Canettis Roman 'Die Blendung'.* München: Carl Hanser 1975, S.137. (Fortan wird die Sigle Roberts verwendet.)
[62] vgl. CB, S.77.
[63] CB, S.122.
[64] Scheichl, S.133.
[65] CB, S.89.
[66] "Der magische Schlüssel zu Thereses und Fischerles Freiheit ist Kiens Geld." (Roberts, S.139)
[67] Scheichl, S.133.

Geld ist für Kien Mittel zum Zweck. Ihm (wie auch den anderen) bedeutet Geld nichts. Für ihn existiert Wert nur in Form von Büchern.

Fischerle benötigt Geld als Mittel für einen Traum, den er schon lange träumt. Er will Schachweltmeister werden und kann dies aber nur, in dem er mit Geld ausgestattet zu Turnieren reist.

Für Therese ist Geld ein Mittel für Wohlstand. Nur mit der Eröffnung ihres eigenen Möbelgeschäftes kann sie die in ihren Augen so wichtige Rolle in der Gesellschaft einnehmen. Mit präsentablen Möbeln im Mikrokosmos der Wohnung und im Makrokosmos der realen, bürgerlichen Welt (Möbelgeschäft) erfährt sie Akzeptanz.

# 4. Massenverwandlungen

Die Geldmasse ist ein Mittel. Für Kien und Therese ist sie sogar ein Mittel, um andere Massen zu erwerben. So verlangt Kiens Büchermasse nach steter Expansion und auch Thereses Möbelmasse kann sie nur in einer großen Zahl ihrem Ziel näher bringen.

Folglich treten im Roman Massenverwandlungen auf. Das ist ein neues Phänomen, mit dem sich weder Le Bon noch Canetti konkret befaßt haben. Die Verwandlungen, die Canetti in 'Masse und Macht' behandelt, ist gänzlich anderen Ursprungs und soll hier nicht weiter einbezogen werden.

## 4.1 Bücher und Geld

Wie bereits festgestellt wurde, unterliegt Kiens Bibliothek dem Wunsch nach Vergrößerung und Vervollkommnung. Ob dies nun ein aktiver, von der Büchermasse selbst initiierter oder ein passiver, von Kien bestimmter Prozeß ist, kann nicht schlüssig geklärt werden. Natürlich ist es Kien, der die Idee zur Vergrößerung hat[68], doch es bleibt fraglich, inwiefern die Masse eine eigene, Kien steuernde Dynamik besitzt.

Um nun diese Vergrößerung umzusetzen, muß Geld in neue Bücher investiert werden. Eine Geldmasse muß in eine Büchermasse übergehen. Beispiele für diese Massenwandlung zeigen auch die Vorgänge, die sich im Theresianum abspielen. Dort können Bücher als Pfand gegen Geld eingelöst werden; umgekehrt kann auch eine Auslösung der Bücher gegen Geld stattfinden. In beiden Fällen ist die Geldmasse ein Mittel, um die Büchermasse des Theresianums bzw. die eigene zu verändern.

Kien fängt potentielle Verkäufer im Foyer des Theresianums ab.[69] Damit verhindert er zwar nicht die Wandlung der Massen, aber immerhin das Wachstum der Büchermasse im Theresianum.

Im Grunde konkurrieren Therese und Kien um die vermeintliche Millionenerbschaft. Beide wollen die Geldmasse für ihre Zwecke benutzen und sie Möbeln bzw. Büchern zuführen.

### 4.2 Möbel und Geld

Thereses Leben kreist um Möbel. Ihr ganzes Dasein ist von einer Masse bestimmt, die sie definiert, die ihr hilft und die sie befriedigt. Therese hat zudem ihre ganz eigene Vorstellung vom Wohlstand, denn sie will kein Vermögen ansammeln, sondern eines in ein Möbelgeschäft investieren.[70]

Ihr geht es also auch um eine Verwandlung der Massen. Mit dem Geld der Millionenerbschaft ist sie in der Lage, ihrem Traum vom Möbelgeschäft näher zu kommen. Sie bedient sich des Geldes, das für sie keinen eigenen Wert repräsentiert. Nur eine große Schar Möbel, eine Möbelmasse, hat für sie Bedeutung.

Im Möbelgeschäft kommt eine ambivalente Massenverwandlung zum Tragen. Möbel werden gekauft und Möbel werden verkauft, d.h. Möbel- und Geldmasse fließen ineinander.

---

[68] "Erweiterung der Bibliothek von vier Räumen auf acht. Das läßt sich sehen." (CB, S. 145)
[69] CB, S.233ff.
[70] CB, S.132.

## 5. Zusammenfassung und Ausblick

Es hat sich gezeigt, daß Kiens Büchern und Thereses Möbeln wie auch dem Geld unter Berücksichtigung einer Betrachtungsperspektive, die von der Existenz und Bedeutung verschiedener Massen ausgeht, eine ganze Reihe Eigenschaften zugeordnet werden konnten.

Die Büchermasse und Kien haben eine Wechselbeziehung, weil die Masse ihn umgibt, schützt und nährt, aber auch braucht, und weil Kien die Masse braucht und ihr ein Anführer ist.

Therese definiert sich durch ihre Möbelmasse. Weiterhin hilft ihr die Masse und befriedigt sie.

Auch der Geldmasse kommt eine besondere Bedeutung zu. In erster Linie ist sie ein Mittel, vor allem für Hin- und Rückverwandlungen zu anderen Massen. Das hat sich bei der Betrachtung der Übergänge von Büchern zu Geld und Möbeln zu Geld gezeigt.

Die Betrachtung der drei Romanelemente Bücher, Möbel und Geld aus der Perspektive eines Masseverständnisses hat sich als fruchtbar herausgestellt. Den einzelnen Massen konnten nicht nur Eigenschaften zugeordnet werden, sondern die Betrachtung als Masse hat auch andere Assoziationsketten freilegen können.

Bei Kien und Therese ist die exorbitante Rolle der Bücher- und Möbelmasse im Handlungsgefüge des Romans 'Die Blendung' sehr präsent geworden.

Die Untersuchung weiterer Romanfiguren wie Fischerle oder Pfaff im Hinblick auf sie beeinflussende Massen wäre mit Sicherheit noch eine sinnvolle Ergänzung zu diesem Themenkreis. Vermutlich würden sich für Fischerle Massen in Form von Geld und Schachmeistern und für Pfaff in Form von Hosen als Indiz für gesellschaftliche Gruppen herauskristallisieren lassen. Doch diese Ansätze werden in der vorliegenden Arbeit nicht mehr berücksichtigt.

# 6. Literaturverzeichnis

## Primärliteratur

Canetti, Elias: *Die Blendung*. Limitierte Sonderauflage. Frankfurt/M.: Fischer 1998 (Fischer Taschenbuch 13902)

ders.: *Masse und Macht*. Sonderausgabe. Hamburg: Claassen 1984

Le Bon, Gustave: *Psychologie der Massen*. Stuttgart: Kröner 1968

## Sekundärliteratur

Ishaghpour, Youssef: *Verwandlung und Identität. Zu 'Masse und Macht'*. In: Elias Canetti. Blendung als Lebensform. Hrsg. Friedbert Aspetsberger/Gerald Stieg. o.O.: Athenäum 1985, S.11-27.

Roberts, David: *Kopf und Welt. Elias Canettis Roman 'Die Blendung'*. München: Carl Hanser 1975

Scheichl, Sigurd Paul: *Der Möbelkauf. Zur Funktion eines Handlungsstrangs in der 'Blendung'*. In: Elias Canetti. Blendung als Lebensform. Hrsg. Friedbert Aspetsberger/Gerald Stieg. o.O.: Athenäum 1985, S.127-137.